COBRAS

BIBLIOTECA DE DESCUBRIMIENTOS DE CULEBRAS

Sherie Bargar   Linda Johnson
Versión en español de Argentina Palacios

Fotógrafo/Consultor: George Van Horn

The Rourke Corporation, Inc.
Vero Beach, Florida 32964

Library of Congress Cataloging in Publication Data
Bargar, Sherie, 1944-
  [Cobras. Spanish]
  Cobras / Sherie Bargar, Linda Johnson; versión en español de
Argentina Palacios; fotógrafo/consultor, George Van Horn.
      p. cm. — (Biblioteca de descubrimientos de culebras)
  Incluye índice.
  Resumen: Introducción a las características físicas, el ambiente
natural y la relación de las distintas especies de cobra con los seres
humanos.
  ISBN 0-86593-334-0
  1. Cobras—Literatura juvenil. [1. Boa constrictora. 2. Culebras
venenosas. 3. Culebras. 4. Materiales en español.] I. Johnson,
Linda, 1947-   . II. Van Horn, George, ilust. III. Título. IV. Serie:
Bargar, Sherie, 1944-   . Biblioteca de descubrimientos de
culebras. Español.
QL666.064B3718   1993
597.96—dc20   93-8392
                                                         CIP
                                                         AC

ÍNDICE DE MATERIAS

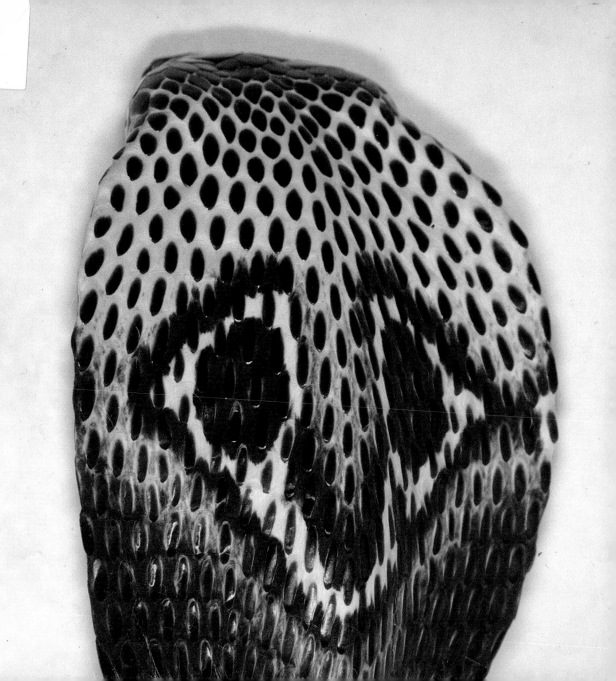

LAS COBRAS

Las 11 especies de cobras venenosas son miembros de la familia *Elapid*. La cobra rey es la culebra más venenosa del mundo y tiene suficiente **veneno** para matar un elefante. Muestra su capucha singular desplegando las costillas del cuello. Ciertas cobras tienen en la capucha marcas distintivas que parecen ojos. La capucha de la cobra india es el doble de tamaño que el cuerpo.

Cobra india
Naja naja naja

DÓNDE SE ENCUENTRAN

Las cobras se encuentran en Asia, China, India y África, en selvas, en los árboles que trepan, en el agua donde nadan. Por lo general se localizan cerca del agua. También se esconden bajo las rocas o yacen bajo árboles caídos.

Cobra siamesa
Naja naja siamensis

ASPECTO FÍSICO

La culebra venenosa más larga del mundo es la excepcional cobra rey, que puede alcanzar hasta 18 pies de largo.

Las cobras tienen piel brillante y lisa de distintos colores y marcas distintivas. El cuerpo fuerte y delgado de la cobra puede ser amarillo, pardo o casi negro.

Cobra del Cabo
Naja nivea

LOS SENTIDOS

La cobra no ve muy bien pero usa la vista más que la mayoría de las culebras ya que sigue cualquier movimiento que percibe. La lengua de la cobra entra y sale rápidamente y lleva partículas de los alrededores. El órgano de Jacobson en el cielo de la boca **analiza** las partículas para enterarse de lo que hay por ahí cerca. La cobra es sorda así que no puede emplear ese sentido para buscar **presa.**

Cobra rey
Ophiophagus hannah

Cobras siamesas saliendo del cascarón

Naja naja siamensis

LA CABEZA Y LA BOCA

La estilizada cabeza de la cobra tiene dos comillos cortos, puntiagudos y huecos al frente de la boca. Los músculos alrededor de las glándulas de **ponzoña** inyectan esa ponzoña en la presa por medio de los comillos. El conducto respiratorio se extiende desde la garganta hasta el frente de la boca. Esto le permite a la culebra respirar cuando se está tragando la presa aunque sea grande.

Cobra india
Naja naja naja

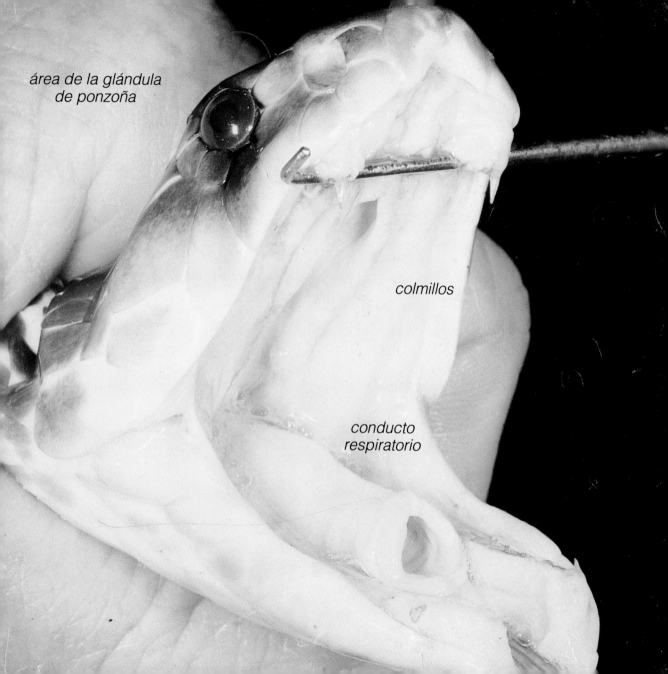

área de la glándula
de ponzoña

colmillos

conducto
respiratorio

LAS CRÍAS

En el verano, la mayoría de las cobras depositan entre 8 y 30 huevos en hojas húmedas. Los bebés salen del cascarón unos dos meses más tarde. Las crías tienen 12 pulgadas de largo al nacer y pueden desplegar sus capuchas pequeñitas y envenenar su presa.

La cobra rey es la única cobra que hace un nido de hojas y yerba para sus huevos y, además, los protege en el nido hasta que salen del cascarón.

Crías de cobras siamesas

LA PRESA

La cobra rey por lo general come otras culebras, hasta otras cobras. Otras especies comen ratas, ratones, aves y huevos. Cazan en la tarde y a prima noche para evitar el calor del día. A diferencia de otras culebras, las cobras a menudo persiguen a su presa y no la emboscan. Aves, peces y cerdos se comen a las cobras.

Una cobra rey en cautiverio comiéndose una culebra cascabel

DEFENSA

La mayor parte de las cobras sisean (silban) muy alto, levantan la cabeza y despliegan la capucha para espantar al enemigo. Si éste se acerca mucho, la cobra lo ataca con su mordida mortífera.

Si un enemigo de gran tamaño se le acerca mucho a una cobra escupidora africana, ésta levanta la cabeza y abre la boca. Entonces lanza ponzoña por los agujeros de los colmillos delanteros en dirección a los ojos del enemigo. La ponzoña puede llegar de seis a diez pies de distancia.

Cobra india
Naja naja naja

LAS COBRAS Y LOS SERES HUMANOS

En Asia y África, las cobras se comen millones de ratas que, de otro modo, destruirían las cosechas. En China existe la creencia de que si una persona come carne de cobra se puede curar de ciertas enfermedades. Por todo el mundo hay científicos que investigan cómo emplear la ponzoña de la cobra para reducir el dolor de los pacientes que sufren de cáncer. La mordedura de la cobra es sumamente peligrosa.

Glosario

analizar — Averiguar qué es algo.

inyectar — Introducir a presión.

madriguera — Un hoyo excavado en el suelo por un animal para que le sirva de vivienda.

ponzoña — Una sustancia química producida por los animales que enferma a otros animales o seres humanos o los mata.

presa — Un animal que caza o mata otro animal para comer.

veneno — Una sustancia que enferma o causa la muerte cuando entra en el cuerpo.

ÍNDICE